# ESSAI

SUR LE

# MONNAYAGE

DES

## PRIEURS DE SOUVIGNY

ET DES

### SIRES DE BOURBON

PAR

*LE D<sup>r</sup> VANNAIRE*

MOULINS

H. DUROND, LIBRAIRE ÉDITEUR

1891

# LE MONNAYAGE

## DE SOUVIGNY

Extrait des *Archives historiques du Bourbonnais*

MOULINS, IMPRIMERIE CRÉPIN-LEBLOND

# ESSAI

SUR LE

# MONNAYAGE

DES

## PRIEURS DE SOUVIGNY

ET DES

SIRES DE BOURBON

PAR

*LE D<sup>r</sup> VANNAIRE*

MOULINS

H. DUROND, LIBRAIRE-ÉDITEUR

1891

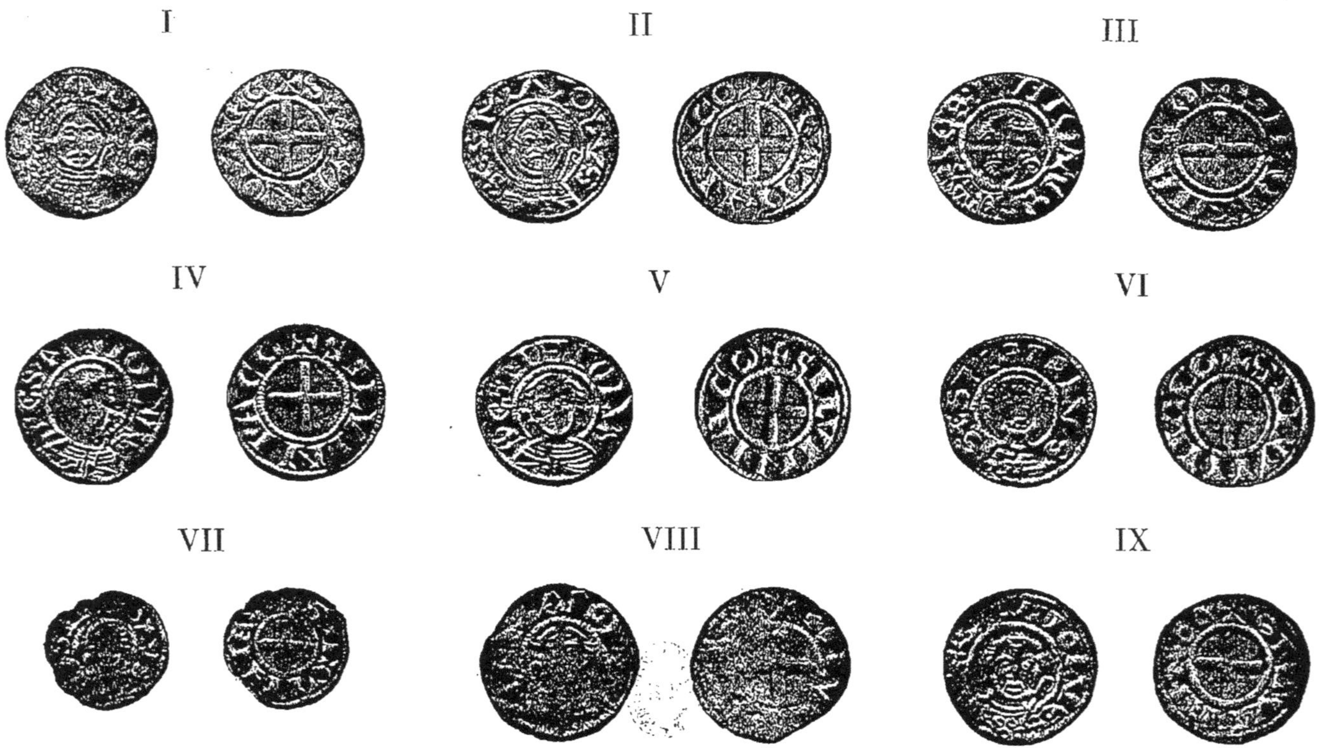

I  II  III

IV  V  VI

VII  VIII  IX

MONNAIES DE SOUVIGNY

# ESSAI

SUR LE

# MONNAYAGE

## DES PRIEURS DE SOUVIGNY

### ET DES SIRES DE BOURBON

---

LA synthèse de toute science est œuvre de maître. Au simple curieux les travaux d'analyse, dont tout le mérite est de fournir des documents pour l'œuvre finale qu'il ne saurait entreprendre.

Quand on fera à nouveau l'histoire du monnayage en Bourbonnais, œuvre déjà incomplète par suite de découvertes ultérieures, peut-être pourra-t-on utiliser ce modeste travail sur l'époque la plus intéressante de la numismatique bourbonnaise.

Les prieurs de Souvigny ont, pendant longtemps, frappé des monnaies fort connues ; les sires de Bourbon en ont également émis comme seigneurs de Montluçon et même au titre de leur comté, quoique ces dernières soient encore contestées ; les sires d'Huriel et ceux de Charenton ont aussi usé du droit de monnayage et ce sont les produits de ces seigneuries qu'a étudiés M. de Soultrait dans sa *Numismatique bourbonnaise*, comprenant tous les monuments métalliques pouvant éclairer l'histoire de notre province. De cette étude, nous allons reprendre une partie, celle des monnayages des prieurs de Souvigny et des sires de Bourbon, aux XI<sup>e</sup>, XII<sup>e</sup> et XIII<sup>e</sup> siècles, seules époques où on ait émis en Bourbonnais un numéraire seigneurial.

Avant M. de Soultrait, Tobiesen Duby, dans son grand ouvrage si connu et si rare, et M. A. Barthélemy, dans son *Essai sur l'histoire monétaire du prieuré de Souvigny*, paru dans les *Tablettes historiques de l'Auvergne*, avaient traité tout ou partie du même sujet. Depuis, M. Poey d'Avant, réédifiant sur des bases plus larges et plus sûres l'œuvre insuffisante de Duby, et M. Caron, complétant, avec un grand succès, ce nouveau *corpus* du monnayage féodal, ont porté plus loin la connaissance des produits des ateliers bourbonnais.

Incidemment, d'autres numismatistes ont touché plus ou moins directement à la question qui va nous occuper, et jeté sur ce sujet une clarté de plus en plus vive.

M. Poey d'Avant a avancé que tous les travaux sur cette matière avaient été favorisés par une abondance de documents exceptionnelle. Cette assertion est, jusqu'à un certain point, exacte pour le monnayage de Souvigny, mais pour la période d'association seulement. Quant au monnayage des sires de Bourbon, à ce titre ou comme seigneurs de Montluçon, des sires d'Huriel et de Charenton et même des prieurs seuls, au XIIe siècle, aucun document écrit ne vient nous renseigner directement sur leurs origines, leurs vicissitudes et leur fonctionnement.

L'illusion de M. Poey d'Avant est due probablement à la créance qu'avait obtenue, sur la foi du *Recueil des historiens de France*, un prétendu diplôme de Hugues-Capet concédant le droit de monnayage au prieuré de Souvigny, charte capitale s'il en fut et à elle seule capable d'illustrer l'atelier qui l'avait reçue. Mais Chazaud, de si regrettable mémoire, eut occasion de comprendre ce diplôme dans le cycle de ses investigations et, avec sa profonde critique, en démontra la fausseté, dévoilant l'auteur de cette pièce apocryphe et le but intéressé qu'il avait poursuivi.

M. Barthélemy, qui avait publié ce document et, avec sa grande autorité, en avait fait ressortir la haute valeur, se rangea à l'avis de Chazaud et, du même coup, démontra qu'il ne fallait pas davantage tenir compte de la concession du droit de monnayage à l'abbaye de Cluny, par un Rodolphe, roi de Bourgogne, concession rappelée dans une bulle du pape Jean XI, que personne n'a vue, et droit dont les abbés de Cluny ne purent justifier quand, en 1315, il leur devint nécessaire d'en produire le titre.

De tous les documents monétaires authentiques recueillis dans le *Thesaurus silviniacensis,* il n'a été, jusqu'à présent, publié, et malheureusement en partie seulement, par M. A. Barthélemy, que le traité d'association de Gui de Dampierre, en 1213, et celui d'Agnès, en 1272, ainsi qu'un acte de 1290, donné *in-extenso* et relatant les priviléges des monnayeurs de Souvigny. M. de Soultrait, rééditant les textes imprimés par son devancier, y a ajouté le bail pour trois ans de la monnaie de Souvigny à Martin Marques, en 1286, les lettres patentes délivrées, en 1290, par Philippe le Bel, pour qu'on laissât libre cours en Auvergne à la monnaie de Souvigny et un extrait de l'ordonnance de Louis le Hutin, en 1315, relative aux monnaies seigneuriales, en ce qui se rapporte au Bourbonnais.

Malgré cette apparente richesse, on ne sait pas plus quels sont les produits terminaux du monnayage purement prioral que l'on ne connaît le type que créa la première association. Encore moins est-on renseigné sur l'origine et les phases du monnayage personnel des sires de Bourbon. D'un auteur à l'autre, que de divergences, quelle variété d'attribution des produits monétaires, établies plutôt sur des impressions personnelles que d'après l'examen attentif des monuments eux-mêmes !

L'obscurité d'un sujet, savamment étudié d'ailleurs et, pour beaucoup de numismatistes, lumineusement établi, a tenté notre recherche et nous avons l'espérance que nos efforts ne seront pas restés infructueux.

Le monnayage des prieurs seuls ayant précédé leur association monétaire avec les sires de Bourbon, il nous a semblé que l'étude minutieuse des produits du premier nous dévoilerait, outre leur ordre successif et peut-être chronologique d'apparition, le point de contact et de distinction des deux monnayages en 1213.

A partir de cette époque, nous avons soigneusement analysé et comparé les monnaies connues, pour dégager de cette recherche et de quelques données historiques jusqu'à ce jour négligées, les motifs qui ont donné naissance à des types si divers et les moments de leur fabrication.

Nous pensons avoir mené à une fin vraisemblable cette seconde partie de notre tâche ; mais nous devons prévenir le lecteur que, après 1216, le trop petit nombre de monnaies que nous avons pu examiner en nature rend moins certains les résultats auxquels nous sommes arrivé.

Sans doute, les dessins publiés sont venus à notre aide ; mais, quoique l'exactitude des représentations numismatiques par le dessin ait été portée parfois aussi loin que possible, néanmoins, on a senti de tout temps le besoin d'un moyen de transmission plus irréprochable.

L'héliogravure a comblé cette lacune. Elle seule ne laisse aucun accès à la prévention, à la fantaisie, ni même à ce que l'on est convenu d'appeler l'équation personnelle. Avec son secours, on peut étudier son sujet *sur pièces,* apercevoir ce qu'un autre n'a point vu, tenir compte de ce qu'il a négligé dans sa description et peut-être dans son dessin.

Ainsi, à moins de preuves convaincantes, nous restons persuadé que les pièces représentant saint Mayeul sans crosse, données par MM. Poey d'Avant et Caron, d'après les dessins qui leur ont été adressés, sont le résultat d'une frappe insuffisante, du frai, ou d'une inadvertance du dessinateur.

Il y aura donc lieu de se souvenir que nous avons cité certaines pièces sur la seule foi des auteurs, tout en gardant par devers nous certain doute bien légitime.

## MONNAYAGE DES PRIEURS SEULS

On a reconnu, parmi les monnaies de Souvigny, un grand nombre de variétés constituées par des modifications légères du type général et par de nombreux points secrets, sigles ou *différents monétaires* destinés à particulariser chaque émission. Ce sont ces variations, considérées jusqu'ici comme sans valeur, que nous allons utiliser pour tenter d'établir, avec plus de précision, l'ordre successif et chronologique des diverses émissions de ce monnayage.

Si l'on veut bien remarquer que les types unanimement regardés, à raison de leurs caractères plus archaïques, comme produits des premiers temps du fonctionnement de l'atelier de Bainai, lieu voisin de Souvigny et où monnayaient les prieurs, se chargent peu à peu de certains détails, on admettra qu'il est logique de chercher, dans l'ordre d'apparition de ces adjonctions, les éléments d'une classification.

Etablissons d'abord le type général de la monnaie de Souvigny que nous considérons comme *purement priorale*, c'est-à-dire de la fin du xıe siècle à 1213, car le cartulaire de la Chapelle-Aude, recueilli par Chazaud, donne la mention de la monnaie de Souvigny dès 1095 ou 1098, ainsi que l'a fait remarquer M. A. Barthélemy.

A l'avers, le buste de St Mayeul, de face et tête nue, repose au bas de la pièce sur le grènetis extérieur. D'une main, il soutient sa crosse. Il est vêtu d'une tunique apparaissant au cou, au défaut d'une dalmatique ou pallium, qui est orné en bordure, à l'encolure et au devant de la poitrine, d'une garniture de perles. En légende circulaire, entre deux grènetis : SCS MAIOLVS.

Au revers, en légende circulaire, entre deux grènetis : SILVINIACO. Dans le champ, croix à branches égales, *aux cantons toujours nus.*

Avant de passer à l'examen des modifications successives que ce type a subies et que nous considérons comme caractéristiques, nous croyons devoir jeter un coup d'œil sur les changements apportés par le temps à divers éléments qui, s'ils sont insuffisants pour concourir à la sériation des monnaies de Souvigny, peuvent être, en certains cas, utilement consultés.

Ces considérations nous ont été inspirées par l'étude patiente d'au moins deux cents pièces du monnayage prioral.

*Poids.* — Le poids ne varie pas dans des proportions susceptibles de fournir des indications de classement. Cependant, les produits des premières émissions paraissent avoir été un peu plus légers. D'abord de o gr. 95, ils atteignent bientôt jusqu'à 1 gr. 15 et même 1 gr. 20 (de Soultrait) pour les pièces qui n'ont subi aucun frai. Usées, elles descendent jusqu'à 0,63.

*Module.* — Le moduie, oscillant entre dix-neuf et vingt millimètres, ne peut donner aucun renseignement chronologique.

*Titre.* — Le titre légal, qui paraît avoir été de 275/1000 de fin, s'altère évidemment peu à peu, mais il est difficile de tirer parti de ce moyen d'information que l'on ne peut préciser par la seule vue des pièces.

*Fabrication.* — Quoique d'un style barbare, les

premiers produits sont d'une fabrication soignée. Ensuite, si l'on est loin encore du commencement de renaissance qui se manifeste au XIIIe siècle, au cours de l'administration honnête et prévoyante de Louis IX, le goût et l'habileté de main des graveurs des coins se montrent avec évidence à certains moments du monnayage. Puis la fabrication devient de plus en plus relâchée et défectueuse et, vers la fin du XIIe siècle et les premières années du XIIIe, c'est la décadence dans la barbarie.

Les lettres des légendes se ressentent de ces fluctuations. D'abord grandes et sveltes, elles rappellent les caractères carolingiens dont elles s'éloignent peu à peu pour devenir grasses et enfin obèses jusqu'à la difformité.

La croix du revers subit les mêmes conditions. Grêle, quand les lettres ont de la gracilité, elle s'épaissit à la fin du monnayage. D'abord les bras atteignent au grènetis et sont coupés carrément ; puis ils tendent à être alésés, pour le devenir définitivement et s'arrondir aux bouts d'une façon remarquable.

La crosse est de forme très variable. Petite aux premières émissions, elle devient plus grande et de belle facture, pour redevenir petite et ressembler définitivement à un informe crochet. Son bâton, sans nœud ou avec un et deux nœuds, se charge quelquefois d'un annelet que nous pensons être un *différent,* de même qu'un point apparaît à divers moments dans sa volute.

Mais la place qu'occupe la crosse suffit à diviser en deux grandes sections le monnayage prioral. Suivant qu'elle est saisie par la main gauche ou la main droite de St Mayeul, les monnaies appartiennent à la première ou à la seconde moitié de la fabrication au nom des prieurs seuls.

A part cette importante circonstance, il n'est, on le voit, rien d'absolument caractéristique dans les éléments que nous venons de passer en revue, tandis que les modifications apportées aux diverses parties du buste ont une tout autre valeur que les précédentes.

Leur développement successif est assez précis pour déterminer une sorte de classification naturelle que l'on reconnaîtra facilement dans la description des types, telle que nous allons la donner. En effet, sur la tête, d'abord entièrement nue, on voit poindre la bosse frontale (1), puis les cheveux et la barbe. Les cheveux deviennent plus abondants quand le visage prend une forme ovale et d'un meilleur caractère artistique. Des globules simulent ensuite des cheveux bouclés, en même temps que le visage se déforme de plus en plus. Enfin le pallium se charge d'un ornement spécial en forme d'anneau qui fournira la transition naturelle du type purement prioral aux monnaies d'association.

*A. — La crosse est portée par la main gauche.*

Type I. — Buste trapu. Un cou court supporte une tête largement elliptique, *sans barbe, cheveux, ni bosse frontale.* — Moustaches sur la lèvre supérieure. — Oreilles grandes, le tout indiqué par un trait épais.

Crosse petite.

Croix du revers grêle, atteignant aux grènetis intérieur.

Style barbare. — Fabrication soignée. — Billon de titre élevé.

*Différents :*

1. — Sans différents. — Poids : 0,78 (pièce usée).

---

(1) Nous désignons ainsi ce que jusqu'ici on a nommé *tonsure* et qui nous paraît être plutôt la bosse frontale, si remarquable sur les portraits de St Vincent de Paul et que St Mayeul pouvait posséder au même degré. Sur les monnaies de Souvigny, cette partie de la tête est couverte de cheveux, ce qui n'est pas le fait d'une tonsure. Enfin, celle-ci n'était pas, chez les Bénédictins, pratiquée au devant de la tête.

2. — Un point sur la traverse de l'N de SILVINIACO. — Poids : 0,95 (Pl. n° 1).

3. — Un point dans la volute de la crosse et un point sur la traverse de l'N du revers. — Poids : 0,63 (pièce usée).

Ce type nous paraît être celui des premiers temps du monnayage prioral. — Nous supposons qu'il prit fin vers 1100.

Type II. — Après quelques tendances transitoires à la modification du type précédent, dont le N° 1 de la planche de M. A. Barthélemy offre un exemple par la présence isolée de la bosse frontale, celle-ci apparaît avec *les cheveux et la barbe,* sans autre changement du type I. Les cheveux sont figurés par de petites mèches pointues et la barbe par un pointillé couvrant le menton et envahissant la bosse frontale elle-même. Oreilles petites.

Crosse souvent plus grande qu'au type I.

Croix du revers comme au type précédent.

Type tout aussi barbare. Fabrication moins soignée. Titre moins bon.

*Différents :*

4. — Sans *différents* (de Soultrait, n° 3). — Poids : 0,95.

5. — Un point sur la traverse de l'N du revers. Poids : 0,99 (A. Barthélemy, n° 2).

6. — Un point dans la volute de la crosse. Poids : 0,94.

7. — Un point dans la volute de la crosse et un point sur la traverse de l'N du revers. Poids : 1,17 (Pl. n° 2).

8. — S de SILVINIACO couché. Poids : 1,00.

9. — Le C de SCS n'est point traversé du trait abréviatif. Un point sur la traverse de l'N du revers. Poids : 0,90.

10. — SILVNIACO (sans le second I). Un point sur la traverse de l'N du revers. Poids : 0,89.

Ce n'est peut-être ici que le n° 5, l'oubli du second I semblant être compensé par une reprise du graveur.

Nous attribuons à ce type une durée de 20 ans : 1100-1120.

Type III. — Buste svelte. La tête cesse d'être elliptique et devient *ovale,* c'est-à-dire plus large au front qu'au menton. Celui-ci, au lieu d'être défini par un trait épais, est limité par une *ligne de points qui simulent les flocons d'une barbe frisée.* Les cheveux, figurés par des traits latéralement hérissés, sont plus abondants et la bosse frontale plus grande qu'au type II.

Les oreilles restent petites.

Crosse grande.

Croix du revers plus ou moins alésée.

Style relativement élégant. Fabrication assez soignée. Bon billon.

*Différents :*

11. — Un point entre SCS et MAIOLVS. Poids : 1,03.

12. — Un point entre SCS et MAIOLVS et un point sur la traverse de l'N du revers. Poids : 1,03 (Pl. n° 3).

13. — Un point entre SCS et MAIQLVS, un point dans la volute de la crosse et un point sur la traverse de l'N du revers. Poids : 1,03.

14. — Un point dans la volute de la crosse. Un point sur la traverse de l'N du revers. Poids : 0,99.

Nous regardons ce type comme ayant duré autant que le précédent : 1120-1140.

Type IV. — C'est le type précédent en voie de dégénérescence.

La tête est moins régulièrement ovale. Trois traits de chaque côté de la tête, *terminés chacun par un globule,* figurent des cheveux bouclés.

Crosse grande.

Croix le plus souvent alésée.

Style moins bon. Fabrication moins soignée. Titre altéré.

*Différents :*

15. — Un point entre SCS et MAIOLVS. Un point sur la traverse de l'N du revers. Poids : 1,00 (Pl. n° 4).

16. — Un point entre SCS et MAIOLVS, un annelet sur la traverse de l'N du revers. Poids : 1,06.

17. — Le bâton de la crosse est chargé d'un annelet et la traverse de l'N du revers d'un point. Poids : 1,10.

Ce type a pu régner 10 ans : 1140-1150.

B. — *La crosse est portée par la main droite.*

Type V. — L'ovale de la tête est déformé par la *compression des tempes.* Les cheveux sont, comme précédemment, figurés par des globules.

*Point d'oreilles.*

Crosse moyenne.

Croix le plus souvent alésée et moins grêle.

Fabrication moins bonne et titre plus altéré que dans le type IV (1).

*Différents :*

18. — Un point sur la traverse de l'N du revers. Poids : 1,08.

19. — Un point entre SCS et MAIOLVS (de Soultrait, n° 3). Poids : 1,05 (Pl. n° 5).

---

(1) Les pièces des types V et VI composaient le plus grand nombre de l'importante trouvaille de Saint-Pardoux (Puy-de-Dôme), faite vers 1865. L'enfouissement était postérieur à 1195, car il s'y trouvait des monnaies d'Hervé de Donzy pour Nevers. Il y avait probablement bon nombre de pièces fausses de l'époque, représentées peut-être par les produits les plus mal venus, du style le plus défectueux et du titre le plus bas. Elles étaient refusées par les bijoutiers pour 30 francs le kilogramme, quand ils n'y virent plus que du métal à fondre. Peut-être ces contrefaçons doivent être mises sur le compte de Gaucher de Vienne, quand il s'efforçait de uiner le Bourbonnais qui allait lui échapper.

20. — Un point entre SCS et MAIOLVS, un point sur la traverse de l'N du revers. Poids : 1,06.

21. — Un point entre SCS et MAIOLVS, un annelet sur la traverse de l'N du revers. Poids : 1,00.

22. — Un point entre SCS et MAIOLVS, une barrette sur la traverse de l'N du revers. Poids : 0,84 (Pièce entamée).

23. — Un point entre SCS et MAIOLVS, légende de l'avers rétrograde. Un point sur la traverse de l'N du revers.

24. — Un point entre SCS et MAIOLVS, légende de l'avers rétrograde, un annelet sur la traverse de l'N du revers (A. Barthélemy, n° 6).

25. — Deux L à MAIOLLVS *(sic)*, un point sur la traverse de l'N du revers. (A. Barthélemy, n° 5).

26. — Un point entre SCS et MAIOLVS, dont l'O est plein. Poids : 0,99.

27. — Deux points entre SCS et MAIOLVS, un point sur la traverse de l'N du revers (A. Barthélemy, n° 4).

28. — Un point quadrilobé entre SCS et MAIOLVS.

29. — Un annelet entre SCS et MAIOLVS, au bâton de la crosse et sur la traverse de l'N du revers. Poids : 0,76 (Pièce usée).

30. — Une apostrophe entre SCS et MAIOLVS. Poids : 1,10 (de Soultrait, n° 11).

31. — Une apostrophe sur la traverse de l'N du revers. Poids : 1,09.

32. — Les S des légendes sont couchées. Poids : 1,10.

33. — Un annelet sur la traverse de l'N du revers.

34. — Annelet au bâton de la crosse et sur la traverse de l'N du revers. Poids : 0,99.

35. — L'O de MAIOLVS plein. Poids : 0,94.

36. — L'O de MAIOLVS plein, un annelet sur la traverse de l'N du revers. Poids 1,06.

Ce type, à raison de la multiplicité des *différents*

employés, nous semble n'avoir pas duré moins de trente ans, de 1150 à 1180.

Type VI. — Type semblable, à ses débuts, au précédent, sauf que le pallium semble attaché par une *agrafe en forme d'anneau,* à l'angle formé par la garniture de perles. Cet anneau, d'abord petit, devient plus grand en même temps que le style est plus barbare. La compression aux tempes est telle alors que la *tête est en forme de guitare.*

Crosse grande d'abord, puis en forme de crochet.

Croix du revers *épaisse* et alésée et le plus souvent *arrondie aux bouts.*

Fabrication et titre très mauvais. La fabrication défectueuse de ces pièces n'a pas toujours permis à l'anneau du pallium de sortir sous le coin. Dans ce cas, la croix du revers, *épaisse, alésée et arrondie aux bouts,* est suffisante pour caractériser le type.

*Différents :*

37. — Sans différents. Poids : 0,99.

38. — Sans différents. Obole (1). Poids : 0,42. (Pl. n° 7).

39. — Un point entre SCS et MAIOLVS. Poids : 1,01

40. — Un point entre SCS et MAIOLVS. L'O de MAIOLVS plein. Poids : 0,98.

41. — Un point entre SCS et MAIOLVS. Annelet sur la traverse de l'N du revers. Poids : 1,09 (Pl. n° 6).

42. — Un annelet sur la traverse de l'N du revers. Poids : 1,05.

---

(1) Cette obole est la seule connue de la série priorale. Notre exemplaire est probablement le même, mais mieux conservé, que celui publié par M. Caron, dont le dessin donne au revers une croix pattée qui nous semble paradoxale. Les autres oboles connues sont toutes postérieures.

Il y a lieu de s'étonner de la rareté des oboles qui devaient être frappées pour le dixième de la valeur de l'émission et le cinquième du nombre des monnaies fabriquées.

43. — Un point dans l'O de MAIOLVS, un annelet sur la traverse de l'N du revers. Poids : 0,89.

44. — L'O de MAIOLVS plein, un annelet sur la traverse de l'N du revers. Poids : 1,05.

45. — L'O de MAIOLVS plein et l'S final retourné, un annelet sur la traverse de l'N du revers. Poids : 0,94.

46. — L'O de MAIOLVS plein, ainsi que l'O de SILVINIACO, un annelet sur la traverse de l'N du revers. Poids : 1 gr.

47. — Un annelet sur la traverse de l'N du revers. Légende SILVINIASI (1). Poids : 0,75 (pièce usée) (Pl. n° 8).

48. — Un point dans la volute de la crosse, un annelet sur la traverse de l'N du revers. Poids : 0,94.

49. — Un point dans la volute de la crosse et un point dans l'annelet du pallium. Un annelet sur la traverse de l'N du revers. Poids : 0,97.

50. — Un point entre V et S de MAIOLVS. Un annelet sur la traverse de l'N du revers. Poids : 1,02.

51. — Un point entre V et S de MAIOLVS. Un point dans la volute de la crosse et un point sur la traverse de l'N du revers. Poids : 0,98.

52. — Un point entre V et S de MAIOLVS, dont l'O est plein. Un point sur la traverse de l'N du revers. Poids : 0,97.

53. — Un point entre V et S de MAIOLVS, un point

---

(1) Cette forme, grammaticalement régulière, n'a pas besoin d'interprétation comme la légende SILVINIACO et celle DESILVINIACO, qui lui succède. Nous nous souvenons que Chazaud, après avoir longtemps cherché l'identification de *Lisinias,* de la charte fausse qu'il rapporte sous le n° II de la *Chronologie des sires de Bourbon,* et de *Lituinias,* cité dans le même ouvrage, p. 133, avait fini par reconnaître que ces mots n'étaient que le résultat d'une transcription vicieuse, par suite de mauvaise lecture, de SILVINIAS, forme que rappelle notre denier.

dans la volute de la crosse, dans l'anneau du pallium et sur la traverse de l'N du revers. Poids : 1,15.

54. — S de MAIOLVS rétrograde, un point dans la volute de la crosse, dans l'anneau du pallium et sur la traverse de l'N du revers. Poids : 1,01.

55. — C de SCS sans barre abréviative. Poids : 0,97.

Ce dernier type du monnayage prioral prit fin en 1213, après trente ans environ de durée.

Il est probable qu'aux cinquante-cinq variétés que nous venons de décrire, d'autres viendront s'ajouter, si on prend la peine de les rechercher. Il en est que nous avons délaissées, quand le mauvais état des pièces éloignait la certitude. Quoi qu'il en soit, si chaque ensemble de signes *différentiels* s'appliquait à l'émission de toute une année, nous posséderions ainsi plus que le tiers et près de la moitié des types émis pendant les cent trente années environ qu'a duré le monnayage purement prioral.

Il pourra paraître singulier que la présence d'un simple annelet sur le vêtement du S. Mayeul nous ait semblé suffisant pour constituer un type dans la série des monnaies priorales. Outre que ce signe différentiel n'est pas seul invoqué, on verra plus loin que son introduction était légitime et nécessaire.

---

## MONNAYAGE D'ASSOCIATION

### ET DE COMPÉTITION

Les derniers produits de l'atelier de Bainai, avant toute association avec les sires de Bourbon, ont été déterminés, pensons-nous, avec toute la précision possible, afin d'éclairer le point de passage aux monnaies frappées à partir de 1213. Pour celles-ci nous procéderons comme nous l'avons fait pour celles-là, en interrogeant surtout les monuments numismatiques eux-mêmes.

On verra le type hiératique du monnayage purement prioral, immuable pendant toute sa durée, subir en quatre-vingts années environ des modifications successives et logiques, marquant chaque étape du travail constant de concentration par absorption qui avait lieu dans le comté de Bourbon, sous l'empire des mêmes causes qui portaient le pouvoir royal à poursuivre la même évolution pour la France entière.

Le monnayage personnel des princes du Bourbonnais, considéré jusqu'ici comme irrégulier et clandestin, apparaîtra légitime, quand il sera dégagé des voiles qui obscurcissent son origine, et le commencement de ses émissions, vers 1228, sera établi avec une suffisante certitude historique à un moment où a cessé l'association monétaire des Archembaud et des prieurs. Le même fait se renouvellera chaque fois que les associés jugeront à propos de garder leur indépendance réciproque. Il en résultera une numismatique aussi variée que celle des prieurs était monotone.

Alors les moines de Souvigny feront tous leurs efforts pour relever leur monnayage prioral et ressaisir la grande situation économique qu'ils ont perdue. Efforts vains, pensons-nous, et qui aboutissent au traité définitif conclu en 1272.

Les vicissitudes dont nous venons de tracer le sommaire sont révélées par les monuments numismatiques jusqu'à ce jour connus. Bien des lacunes seront pressenties qu'il appartient à l'avenir de combler, mais dont il n us est impossible de tenir compte.

L'ordre naturel de cette seconde partie de notre travail ne peut être autre que la succession chronologique des sires de Bourbon ; c'est celui que nous allons suivre, en nous conformant à la chronologie, telle que l'a établie Chazaud, à qui nous avons emprunté de précieux et sûrs renseignements.

### Guy de Dampierre (1196-1216).

Ce prince est le premier des sires de Bourbon qui ait possédé un droit de monnayage, et pour la seigneurie de Montluçon seulement, qu'il avait, en 1202, reçue du Roi en augmentation de fief.

Chazaud, avec sa rare sagacité, a nettement établi en quoi consistait cette munificence pour une seigneurie que les sires de Bourbon possédaient depuis le XI$^e$ siècle. Ils cessaient simplement d'être les vassaux du roi d'Angleterre, comme duc de Guyenne, pour devenir ceux du roi de France, par suite de la cession de diverses seigneuries de l'Aquitaine, faite à celui-ci par le roi d'Angleterre. C'est cette nouvelle situation qui entraînait une nouvelle investiture.

Mais, quoique l'Histoire soit muette sur ce point, il y a lieu de penser que le don conféré par le Roi à son général heureux et dévoué comprenait le droit de frapper monnaie, d'autant plus que l'exercice de cette faveur ne pouvait préjudicier qu'à la circulation du numéraire aquitain et nuire à un redoutable vassal que Philippe-Auguste n'avait pas intérêt à ménager.

Rappelons quelle était, au point de vue monétaire, la situation économique du Bourbonnais. Le numéraire royal y circulait comme partout ailleurs, dans les fiefs qui relevaient de la couronne, et la monnaie de Souvigny partageait cette faveur depuis un laps de temps qui constituait un droit irrécusable. Le numéraire des petites seigneuries environnantes et celui des grands centres industrieux et commerçants y était également reçu pour la commodité des relations de voisinage et des grandes transactions extérieures.

Dans ces conditions, créer une monnaie nouvelle et la proposer à la confiance publique, alors qu'elle était inférieure à la monnaie royale et même à celle de Souvigny, était une entreprise hasardeuse, quoique le type angevin (1) qui fut adopté, dut sans doute être avantageusement connu. Guy de Dampierre donna ainsi à réfléchir aux moines, car, en 1213, ils jugèrent de leur intérêt bien entendu de s'associer le sire de Bourbon pour exploiter en commun leur monnayage, auquel il avait fait probablement les plus grands torts, sans avoir recueilli pour lui-même les bénéfices qu'il leur avait fait perdre.

---

(1) La présence du type angevin sur les monnaies de Guy de Dampierre est une preuve que le numéraire de cette partie de l'Aquitaine circulait à Montluçon avec faveur, quand le roi d'Angleterre en était suzerain. Quant aux monnaies d'Eudes, sire de Bourbon, c'est avec le numéraire de Mathilde, comtesse de Nevers, qu'elles ont les liens de parenté les plus étroits, et cette comtesse de Nevers a toujours été considérée comme Mathilde II de Bourbon, qui était femme d'Eudes.

Mais comment concilier que Mathilde et Eudes de Bourgogne, son mari, aient tous deux et simultanément frappé monnaie à Nevers, à leur nom et à des types différents ? Aussi M. de Longpérier et d'autres numismatistes ont-ils proposé d'attribuer ces monnaies à Mathilde de Courtenay, qui a pu les frapper quand elle fut veuve d'Hervé de Donzy et avant qu'elle se remariât à Guy de Forez.

Nous nous rangeons à cette manière de voir, que semble corroborer une trouvaille faite à Riom (Puy-de-Dôme), en 1842, dont nous avons pu examiner le résidu, déposé depuis au musée de la ville et comprenant près de neuf cents pièces.

Ce trésor était composé, pour les cinq huitièmes, de monnaies viennoises, car c'est en cette monnaie que l'on stipulait surtout en Auvergne, plus encore qu'en monnaie du chapitre de Clermont. Les trois autres huitièmes étaient à peu près également composés de monnaies d'Alphonse, roi d'Aragon, pour la Provence, de pièces de Mathilde de Courtenay, de deniers du chapitre de Clermont du dernier type, et de pièces d'association d'Archembaud VII avec les prieurs de Souvigny (dont nous déterminons plus loin le type): Enfin, il y avait quelques autres pièces par unités. Cet enfouissement, dont aucune circonstance ne permet de présumer la cause, a dû avoir lieu vers 1245, Archembaud VII étant sire de Bourbon, et bien avant que Mathilde, sa fille, fût investie du comté de Nevers. Nous nous souvenons que cette trouvaille comprenait aussi des pièces de Souvigny au type de la première association.

L'atelier de Montluçon fut fermé, mais les moines durent laisser imposer à leur type hiératique un signe qui affirmât la participation et la rendît sensible à tous les yeux. Les cantons de la croix, vierges jusqu'alors de tous meubles plus ou moins significatifs, reçurent une sigle bien insignifiante en apparence, une simple tige terminée par une sorte de trèfle issant d'un des angles de la croix : c'était la main-mise du pouvoir civil sur les biens de l'Eglise, et la monnaie des moines de 1213 ne sera plus, en 1315, que celle de monseigneur de Clermont.

Ce type nouveau, celui qui s'éloigne assurément le moins du type antérieur, doit sans conteste, croyons-nous, être reconnu comme succédant au type vi de la monnaie priorale. M. Caron est de cet avis et considère cette première invasion des cantons de la croix comme le signe des produits de la première association, contrairement à la manière de voir de M. de Soultrait, qui regarde cet emblème comme trop banal et hors de proportion avec la puissance des sires de Bourbon. Il nous semble que Guy de Dampierre fut bon prince et eut l'esprit pratique. Recherchant surtout les avantages du monnayage, une simple marque distinctive lui parut suffisante sur un type bien accueilli dans la circulation et que l'on avait intérêt à ne pas trop modifier aux yeux du public.

Cependant, pour le numismatiste, il subit d'autres changements différentiels. Ainsi, on peut remarquer que la crosse est repassée dans la main gauche de St Mayeul et que l'abréviation de SANCTUS n'est plus représentée que par la lettre ꙅ couchée ; enfin, point que nous signalons avec insistance, parce que nous aurons à le rappeler, une garniture d'annelets a remplacé le filet de perles à l'encolure du pallium, garniture dont l'annelet du type vi n'était que le signe prémonitoire.

Au revers, c'est bien toujours la croix alésée, épaisse

et aux bras arrondis aux bouts du type VI, portant dans un de ses cantons le signe de participation.

Le trésor de St-Pardoux, enfoui, comme nous l'avons dit, après 1199, ne renfermait pas de pièces au bâton tréflé, ce qui est une preuve de plus que ce type n'est pas antérieur au commencement du XIIIᵉ siècle.

On en connaît deux variétés qui se distinguent par le numéro du canton occupé, et signalées par M. Poey d'Avant sous les numéros 2,178 et 2,179.

C'est probablement en pièces au bâton tréflé, en cette « bonne monnaie de Souvigny de 1213 et 1214 », que Guy de Dampierre ordonna à ses sujets de payer les deniers pentecostaux dus à l'archevêque de Bourges.

### *Archembaud VI (1216-1242).*

Comme nous n'avons point le texte du traité d'Archembaud VI avec les moines de Souvigny, nous avons longtemps hésité à admettre ou à repousser sa réalité, l'absence de tous monuments monétaires que l'on puisse attribuer à cette association permettant de la rejeter, tandis que l'affirmation des auteurs consacre son existence (1).

Il nous a paru utile dans ce cas de remonter aux sources, espérant trouver dans les autres traités les renseignements explicites, ou au moins implicites, dont nous avions besoin et que l'on avait dit y être contenus.

Notre surprise a été grande de ne rencontrer dans les trois traités postérieurs aucune allusion à ce prétendu traité et, comme il est le seul que le *Thesaurus silvinia-censis* ne nous ait pas transmis, nous pensons qu'il faut absolument le considérer comme n'ayant jamais existé.

Ce qui a pu donner naissance à l'erreur est la lecture

----

(1) M. A. Barthélemy donne même la date de 1225, sans indiquer à quelle source il a puisé.

superficielle d'une clause signifiant une chose différente et omise par tous les auteurs.

Le traité de 1243, après avoir dit qu'à la mort du contractant sa femme et ses héritiers ne pourront rien réclamer aux moines de Souvigny pour association à leur monnayage, ajoute : *nisi tale jus et eamdem consuetudinem quale jus et qualem consuetudinem habuit dominus Archembaudus, avus aviæ meæ.*

Le grand-père de la grand'mère d'Archembaud VII est Archembaud V, qui posséda le Bourbonnais de 1116 à 1171.

Nous ne saurions dire si c'est dès son avènement qu'Archembaud V considéra que si les prieurs de Souvigny avaient le droit de faire battre monnaie, ce privilége avait besoin, pour être exercé utilement, d'un vaste territoire sur lequel leur numéraire fût accepté ; qu'il était juste dès lors qu'il eût part dans les profits et que la faveur de la circulation cessât d'être gratuite. Un accord intervint sans doute dans ce sens et donna lieu à des compensations dont la nature et l'étendue ne sont point connues, mais qui devaient permettre aux sires de Bourbon de ne pas trop s'apercevoir de l'absence du droit de monnayage jusqu'au jour où ils purent ouvrir l'atelier de Montluçon, ce qui amena en Bourbonnais un nouvel équilibre économique.

Archembaud VI n'avait guère que vingt ans lors de son avènement au comté de Bourbonnais, et, comme l'Histoire lui a décerné le surnom de Grand, nous devons en conclure que son intelligence précoce, doublée d'une grande fermeté et peut-être de toute la présomption de la jeunesse, le poussa aux décisions personnelles et lui fit regarder comme avantageux de ne point s'associer avec les moines de Souvigny, qui peut-être ne voulurent pas accorder les concessions qui leur étaient réclamées.

Il est étonnant que, dans ces conditions, Archembaud VI n'ait pas rouvert l'atelier de Montluçon ; mais peut-être les trouvailles n'ont-elles pas dit leur dernier mot et nous sera-t-il donné un jour d'apprendre que l'on a découvert un exemplaire des monnaies qu'il y frappa.

Quoi qu'il en soit, les moines durent reprendre l'exercice de leur monnayage et nous pensons être assez heureux pour signaler le type qui fut émis à cette occasion.

Les moines revinrent à leur type ɪɪ, sans doute alors abondant encore dans la circulation et bien accueilli par le public. Ce choix était de plus conseillé peut-être par l'interdiction du numéraire prioral en Bourbonnais et la nécessité de ne pas éveiller l'attention par la production d'un type récent.

Mais, pour le numismatiste, cette *restitution* se distingue aisément du type originel par le *cordon d'annelets qui borde le pallium*, semblable à celui des monnaies frappées en participation avec Guy de Dampierre (Pl., n° 9).

Outre cette particularité sur laquelle nous avons insisté plus haut, comme moyen de déterminer la succession des espèces et qui se répétera dorénavant sur tous les types pouvant comporter cet ornement, cette pièce présente une croix grêle, mais un peu alésée ; de plus, les lettres des légendes sont grasses, tandis que celles du type originel sont grandes et sveltes. Une combinaison assez compliquée de *différents* est la preuve d'émissions multiples.

En ne renouvelant pas le traité d'association monétaire avec les prieurs, Archembaud ᴠɪ n'entendait pas cependant renoncer aux profits d'un monnayage dont jouissaient plusieurs petits seigneurs, ses vassaux. Se priver de cet important avantage n'était pas dans l'esprit traditionnel des Archembaud, dont on voit la fortune croître sans relâche. En dehors de l'association avec les moines, le problème était difficile à résoudre : il le résolut cependant.

Certes, Archembaud vi venait un peu tard au monde féodal, car il était passé le temps où un simple *miles*, à la faveur de domaines allodiaux ou même d'un fief, si son suzerain le permettait, pouvait s'arroger le droit de frapper monnaie.

Peut-être, parmi les plaintes que fit éclater, en 1228, et que porta à Rome tout le clergé séculier et régulier du Bourbonnais, faut-il admettre de nombreuses et vaines atteintes au monnayage des prieurs, pour les contraindre à accepter des conditions léonines. Ce qui est certain, c'est qu'en cette année 1228, les sires de Bourbon purent acquérir et appliquer à l'ensemble de leur comté le droit si précieux du monnayage.

M. Caron a fait suivre d'un grand point d'interrogation la mention contenue dans le traité du mois de janvier 1271 (1272, n. s.) stipulant la réserve de la circulation en Bourbonnais des monnaies de Charenton. Joignons-y les monnaies d'Huriel, comprises dans la même faveur.

Cette réserve était toute naturelle vis-à-vis de deux vassaux des sires de Bourbon et la prérogative du monnayage devait faire partie depuis longtemps des droits utiles de leurs fiefs.

Mais il y a plus. En cette même année 1228, Archembaud vi acquit de Gauthier d'Avesnes, comte de Blois, tous les droits féodaux que celui-ci possédait sur le château et la châtellenie de Charenton. Cette acquisition ne constituant pas un accroissement de territoire, il fallait qu'Archembaud vi eût un grand intérêt à acquérir ces droits.

Cet intérêt capital va saillir aux yeux. Le sire de Bourbon, devenu seul suzerain de Charenton, se trouvait enfin possesseur d'un monnayage dont les produits étaient depuis longtemps connus du public et circulaient sans doute par suite de traités ou d'usages consacrés dans un certain nombre de seigneuries.

En opérant ainsi, Archembaud vi avait dû s'assurer de la bonne volonté du sire de Charenton pour qu'il pût user de son monnayage et l'entente avait dû être facilitée par les liens de parenté qui unissaient les deux maisons, depuis le mariage de Guiberge, fille aînée d'Archembaud v, avec Ebbo de Charenton.

Voici donc Archembaud vi muni dès lors du droit de monnayer aux types de Charenton, et les trois ou quatre espèces qu'il nous a laissées en sont de fidèles copies.

Les légendes seules sont changées ; mais, dans ces temps d'ignorance générale, elles avaient peu d'importance pour qui ne savait les lire. La conservation des emblèmes et de leurs dispositions visuelles était l'unique condition à laquelle on ne pouvait se soustraire sans d'irrémédiables inconvénients, même en faisant tous les efforts possibles pour imposer la circulation, dans tout le comté, de la monnaie nouvelle.

Nous n'avons aucune base certaine qui nous permette d'établir l'ordre d'apparition des monnaies frappées par Archembaud vi à différents types. Elles ont pu être émises en même temps pour être répandues dans divers points du territoire. Cependant nous allons indiquer d'abord celle dans laquelle l'emploi du type charentonais est le plus timide et le plus discret. Cette circonstance est de nature à lui valoir la priorité.

Depuis que, en 1852, M. Duchalais a fait connaître une pièce au type de la Marche et portant en légende : EMRICVS DE FRANCIE - LODOCVS RXBOR-BO, les numismatistes se sont évertués à chercher un Aimery introuvable. M. de Soultrait a répudié pour le Bourbonnais cette monnaie énigmatique ; M. Poey d'Avant a contesté son authenticité et M. Caron, en citant d'autres exemplaires portant non plus EMRICVS, mais ENRICVS, a rendu possible la solution du problème et permis de reconnaître une double légende royale immobilisée, qui donne un asile furtif au titre écourté de celui qui a frappé le numéraire.

Si maintenant on compare les nᵒˢ 161 et 185 de l'ouvrage de M. Caron, tous les doutes seront levés et l'on reconnaîtra dans ce denier paradoxal une monnaie bourbonnaise, la première peut-être frappée à un des types de Charenton par Archembaud VI.

Il émit également des deniers à la main bénissante en tout semblables à ceux que frappaient à St-Amand les sires de Charenton. Il suffit, pour en être convaincu, de comparer le nᵒ 160 de M. Caron avec le nᵒ 2194 de M. Poey d'Avant. Ici les légendes sont plus caractéirstiques : d'un côté, LODOICVS REX, de l'autre, BORBONENSIS. Il y a lieu de rappeler, au sujet des deniers à ce type, que depuis le XIᵉ siècle les sires de Bourbon étaient en possession de la partie du Berry où se trouve St-Amand.

Nous ne saurions dire pourquoi les types charentonais sont des imitations des monnaies de Besançon, de Nevers et de la Marche ; quant au type viennois imité à Charenton et qu'Archembaud VI adopta en même temps que les autres, la composition du trésor de Riom nous dit assez quelle était chez nous son importance dans les transactions commerciales.

Que l'on mette en présence les nᵒˢ 159 de M. Caron et le nᵒ 2,192 de M. Poey d'Avant, on aura la certitude que le sire de Bourbon n'a fait qu'adapter à son monnayage un type préexistant à Charenton.

La réserve en faveur du numéraire d'Huriel, contenue dans le traité définitif de 1272, laisse supposer qu'Archembaud VI put s'en servir à son profit ; mais, comme aucun monument numismatique qui démontre ce fait ne nous est parvenu, nous émettons cette conjecture sans lui attribuer autrement d'importance.

Archembaud VI ne s'en tint pas à ces émissions de numéraire personnel. Le nᵒ 186 de M. Caron semble indiquer encore une association monétaire qu'il aurait contractée avec les sires de Château-Villain, qui étaient dans son vasselage et possédaient le droit de forger des espèces. Simon de Château-Villain fut, en effet, présenté au Roi comme caution par Eudes, mari de Mathilde ii de Bourbon.

Les prieurs de Souvigny paraissent ne pas être restés oisifs dans la guerre monétaire que leur faisait leur redoutable seigneur. Outre la restitution de leur type ii que nous avons indiquée, nous pensons qu'ils émirent aussi une monnaie d'association avec le seigneur d'Huriel. Celui-ci, quoique vassal d'Archembaud vi, avait, pour son fief dominant, le comte de. Champagne comme premier suzerain, car, vers 1156, on voit Archembaud v se reconnaître vassal d'Henri i<sup>er</sup>, comte de Champagne, pour Hérisson, Ainay, Huriel, etc. Le sire d'Huriel pouvait donc, sans forfaire à ses devoirs féodaux envers le sire de Bourbon, s'associer pour son monnayage avec qui lui offrait des avantages inespérés.

Le n° 181 de M. Caron nous a permis de produire cette hypothèse, car si on compare son revers avec celui du n° 2,077 de M. Poey d'Avant, on aperçoit entre les deux deniers la plus grande similitude. Quant à la face de St Mayeul, les moines n'ont pu en faire l'abandon, mais à la hauteur de la joue droite, elles est accostée d'un croissant que nous ne rencontrons nulle part ailleurs.

Pour la première fois sur les types de Souvigny, la croix est pattée et le sera toujours ensuite.

La lutte sur le terrain économique fut sans doute défavorable aux deux adversaires, car nous allons voir cesser de part et d'autre tout numéraire de compétition et revenir au monnayage d'association.

De ce qui a été exposé sur le monnayage personnel d'Archembaud vi, on peut être assuré qu'il n'y eut de sa part rien d'irrégulier, d'illégal, ni de clandestin, ce que contredit d'ailleurs la légende [*moneta*] BORBONEN-

SIS de son numéraire. Les sires de Bourbon ont dû de tout temps regretter de ne point posséder le droit de frapper monnaie et, à un moment donné de leur puissance, ils ont ressenti cet état d'infériorité assez vivement pour désirer d'en sortir à tout prix.

Avant Guy de Dampierre, ils étaient tout aux annexions de territoires, mais, avec ce prince, leur importance se trouva assez augmentée pour que le désir d'accroître leurs prérogatives fût plus impérieux. Rapidement devenus grands feudataires de la couronne, voyant leur alliance recherchée par tous, après avoir acquis un monnayage seigneurial sur lequel ils inscrivirent le nom de leur comté, ils arrivèrent, par des associations avec les prieurs de Souvigny, qui cachaient mal des empiètements successifs, à confisquer leur droit régalien, car, si la puissante abbaye de Cluny pouvait se défendre d'une spoliation brutale, elle avait trop besoin du secours séculier pour résister à des concessions que légitimait l'esprit du temps.

### Archembaud VII (1242-1249)

Ce prince, éclairé sur les résultats négatifs, sinon désastreux, du monnayage personnel, paraît ne l'avoir pas continué, car on ne trouve aucune monnaie de compétition que l'on puisse lui attribuer. Au contraire, dès le mois d'octobre 1243, il conclut avec les moines un traité d'association qui ne donna lieu entre eux à aucune contestation. Il est probable que, pendant son règne, l'atelier de Montluçon resta fermé, comme le traité l'exigeait, et que le monnayage de Charenton fut totalement délaissé.

On revint au type monétaire de Souvigny, mais en imposant d'assez grandes modifications aux symboles hiératiques, comme affirmation de la participation du sire de Bourbon. Ce deuxième type d'association présente, au-dessus du buste, une fasce surmontée de deux coquilles, emblèmes particuliers à l'associé des prieurs. Au revers, un croissant figure dans un des cantons de la croix, qui est pattée. De plus, la légende, qui jusqu'alors à été SILVINIACO, devient DESIL-VINIACO, et toutes les pièces qui présentent cette forme modifiée doivent être considérées comme postérieures aux premières.

C'est à ce type que l'on a donné improprement le nom de *Nivernais*, quoique le pal de Mathilde de Courtenay, accosté de deux étoiles et d'une fleur de lis, n'ait aucun rapport avec la fasce et les coquilles du type donné par M. Poey d'Avant sous le n° 2181.

### *Mathilde II et Eudes de Bourgogne (1249-1262)*

Nous ne savons quels motifs firent revenir ces princes du Bourbonnais à la politique militante d'Archembaud VI à l'égard des moines de Souvigny. Ils ne renouvelèrent pas le traité avec les prieurs, mais au contraire relevèrent le monnayage personnel avec la plus grande hardiesse. On peut même dire qu'ils allèrent jusqu'à la contrefaçon, si on peut leur attribuer sans conteste le denier entièrement imité de ceux du monnayage d'association d'Archembaud VII, sauf les légendes, et qui figure sous le n° 2180 de l'ouvrage de M. Poey d'Avant.

Sans doute, ils ne purent longtemps user de ce type contrefait, car l'usurpation était trop évidente, et nous pensons qu'alors ils frappèrent la monnaie donnée par M. Poey d'Avant sous le n° 2201, au type d'Issoudun. Guillaume de Chauvigny, seigneur de cette ville, était dans le vasselage de Bourbon, ainsi qu'on le voit par un acte de 1220, dans lequel Archembaud VI engage à Hervé, comte de Nevers, pour lui faire le service féodal, si lui-même s'y refusait, Reynaud de Montfaucon, sieur de Charenton et de Saint-Amand, Guillaume de Chauvigny, seigneur d'Issoudun, et d'autres.

Eudes frappa également monnaie à Montluçon, à un type imité de Mathilde de Courtenay, mais tous ces produits monétaires divers n'étaient peut-être, dans sa pensée, qu'un moyen d'attendre une circonstance plus favorable et qu'il prévoyait.

Quand sa femme et lui se trouvèrent, en 1257, investis du comté de Nevers, ils purent user librement d'un type anciennement et avantageusement connu et l'adapter en Bourbonnais (1). Aussi, les voyons-nous émettre les monnaies décrites par M. Poey d'Avant sous les n^os 2195, 2196, 2197 et 2200.

Ce fut bien là le plus rude coup que reçut des sires de Bourbon le monnayage de Souvigny. Les moines se virent réduits à restituer d'une façon plus ou moins reconnaissable leur type II, mais en gardant au revers la légende désormais adoptée DESILVINIACO (Caron, n° 179).

### Agnès et Jean de Bourgogne (1262-1268).

M. Caron a publié, sous le n° 187, un denier au type nivernais et au nom de Jean de Bourgogne, quoique celui-ci n'ait point possédé le comté de Nevers ; mais il faut se rappeler qu'Agnès et lui y prétendirent et qu'ils purent frapper la monnaie qui nous est parvenue pendant le court espace de temps que mit le Parlement à adjuger à leurs nièces les comtés de Nevers, de Tonnerre et d'Auxerre. Ou bien ne faut-il voir dans cette monnaie que la reprise du type de Charenton ?

Quoi qu'il en soit, Agnès et Jean, renonçant probablement à rouvrir l'atelier de Montluçon et à tout monnayage personnel, jugèrent plus avantageux de

---

(1) Peut-être Eudes avait-il déjà émis des monnaies au type de Nevers, imitées des pièces semblables forgées à Charenton (Poey d'Avant, n° 2080).

s'associer au monnayage de Souvigny et conclurent avec les prieurs le traité de 1262, aux mêmes conditions et dans les mêmes termes que les deux précédents.

Le type créé à cette occasion fut fort différent des anciens. Sans doute les mêmes symboles et les mêmes légendes furent conservés, mais le buste de St Mayeul est placé de profil et le champ du revers est livré au sire de Bourbon qui introduit dans les cantons de la croix ses deux coquilles et les lettres B et D *(Borbonii dominus)*.

A la mort de Jean, arrivée en 1268, Agnès se brouilla avec les moines et contesta même leurs droits, au point d'avoir laissé, parmi les sires de Bourbon, le souvenir du plus implacable adversaire de Souvigny. Cependant, nous ne connaissons de cette époque, malgré la dénonciation du traité, aucun produit de monnayage de compétition que l'on puisse mettre au compte de l'une ou de l'autre des parties.

Trois ans après, en janvier 1272 (n. style), ce grand orage était dissipé et Agnès faisait avec les prieurs un traité perpétuel qui mit fin pour toujours aux contestations entre les contractants.

Nous ne saurions indiquer quels types, parmi les monnaies dès lors émises, peuvent être attribués à la période du veuvage d'Agnès, n'ayant découvert aucun moyen de les discerner.

Il y aurait à faire, pour cette partie du monnayage d'association, un travail analogue à celui que nous avons tenté pour les monnaies purement priorales, si l'on disposait pour cette étude d'un nombre suffisant d'exemplaires, en même temps que de synchronismes fournis par les trouvailles passées ou futures ou de renseignements directs que pourrait donner encore la découverte de documents ignorés.

*Agnès et Robert d'Artois (1277-1287)*

Si le désideratum que nous venons d'énoncer était

rempli, si la filiation des diverses variétés au type de profil était établie au moyen des différents meubles du revers et de la place qu'ils occupent dans les cantons de la croix, on pourrait au moins soupçonner si quelques-uns des types émis se rapportent à la participation de Robert d'Artois, devenu mari d'Agnès de Bourbon, vers 1277, peu de temps après que celle-ci eut marié sa fille Béatrix à Robert de Clermont.

Jusqu'à présent, on n'a attribué à Robert d'Artois aucune monnaie, sous le prétexte qu'Agnès et lui, habitant l'Artois, étaient devenus étrangers au Bourbonnais. Ce motif n'est pas acceptable, car c'est en leur nom que, jusqu'à la mort d'Agnès, la seigneurie de Bourbon fut administrée par des commissaires institués par eux, et il y a lieu de penser que les profits du monnayage ne furent pas négligés.

Cependant, nous pensons qu'aucune des monnaies signées du nom de Robert ne peut être considérée comme forgée pour Robert d'Artois. Cette atteinte au type primitif de Souvigny étant la plus profonde et la dernière qu'il ait éprouvée, peut, à bon droit, être mise au compte de Robert de Clermont.

### *Béatrix et Robert de Clermont (1276-1310)*

Jusqu'à ce jour, on a unanimement regardé comme frappées sous ces princes les pièces signées R [obertus], au type de Souvigny. Sur ces monnaies, le buste de St Mayeul est tourné d'un autre côté que sur les pièces anonymes, mais il est possible que quelques-unes de ces dernières appartiennent à Robert de Clermont. On peut dire que celui-ci prit personnellement possession de la monnaie de Souvigny. Si l'avers resta aux moines, le buste de St Mayeul ne peut détourner sa vue d'une fleur de lis placée devant sa face. Au revers, il est vrai, dans un des cantons de la croix, la crosse priorale est vis-à-vis de la coquille bourbonnaise, mais la légende

est toute à Robert : RDNS BORBON. De Souvigny
il n'est plus question (Poey d'Avant, n° 2189 et 2190).

Deux variétés (Poey d'Avant, n° 2188, et Caron, n° 184)
se distinguent des précédentes en ce que l'avers est
tout aux moines et le revers tout à Robert.

On n'a retrouvé aucune monnaie de Louis, I<sup>er</sup>.

---

Où ont été frappées les espèces particulières aux sires
de Bourbon ? A Bourbon ? A Montluçon ? Cette question n'a point encore été posée. Notons qu'un document du XV<sup>e</sup> siècle signale, à Gannat, une tour *de la
monnaie* qui semble indiquer dans cette ville une mon-
noierie sur laquelle on ne possède aucun renseignement.

Résumons maintenant ce qui précède en un thème
précis. Si d'autres découvertes apportent un contingent
nouveau, celui-ci viendra prendre place dans le cadre
que nous allons esquisser, dans le cas où nous aurions
su rendre notre travail digne de la sanction des numismatistes.

Les sires de Bourbon, dont la fortune fut si rapide et
si brillante, eurent des commencements bien modestes.
Tout à la préoccupation d'arrondir leurs domaines,
ils laissèrent passer le moment où, grâce à la faiblesse
du pouvoir royal, tant de petits sires s'arrogèrent le
droit de monnayage.

Sur leurs terres circulait, avec le numéraire royal et
celui d'autres seigneuries, la monnaie que frappait le
prieuré de Souvigny comme membre de l'abbaye de
Cluny et par suite du droit usurpé que celle-ci préten-
dait posséder. Souvigny ne fit que se substituer à Cluny,
quand cette abbaye cessa d'émettre des espèces, vers
la fin du XI<sup>e</sup> siècle, et ce monnayage fut exercé par les
prieurs seuls jusqu'en 1213.

Sous Archembaud V, les soucis constants que donna
au sire de Bourbon la recherche du droit de mon-

nayage commencèrent à se manifester. Il obtint des moines un tribut pour la circulation de la monnaie de Souvigny sur ses terres, circulation jusque-là gratuite.

Gaucher de Vienne réclama, dit-on, des prieurs, l'association à leur monnayage et ne put l'obtenir.

Guy de Dampierre mit les moines dans la nécessité de l'associer *personnellement* à leur privilége, en 1213, par la concurrence que leur fit, dès 1202, le monnayage de Montluçon, qu'il avait obtenu de Philippe-Auguste.

Après trois ans de monnayage en commun, son successeur, Archembaud VI, manifesta de plus grandes exigences auxquelles les moines ne voulurent pas consentir. Archembaud VI dut alors porter ses vues ailleurs.

En 1228, il acquit tous les droits féodaux du comte de Blois sur la seigneurie de Charenton, y compris le monnayage qui y était attaché, et émit des espèces à tous les types de cet atelier.

Non content de ce monnayage varié dans ses produits, il frappa une monnaie d'association avec un de ses vassaux, le seigneur du Château-Villain, possesseur du droit de forger un numéraire.

Les prieurs de Souvigny reprirent leur antique monnayage et même semblent s'être associés aux seigneurs d'Huriel pour frapper en commun.

Archembaud VII n'imita pas son père, et de son association avec les prieurs naquit un numéraire bien plus éloigné que celui de 1213 du type prioral primitif.

La bonne harmonie ne dura que sept ans et Eudes de Bourgogne, mari de Mathilde II de Bourbon, renouvela sans doute des prétentions considérées comme inacceptables par les moines.

Il rouvrit l'atelier de Montluçon et contrefit même un instant la monnaie de Souvigny, puis frappa des espèces au type d'Issoudun et enfin à celui de Nevers. Pendant ce temps, Souvigny reprit le monnayage prioral.

Jean de Bourgogne, mari d'Agnès de Bourbon, frappa,

à son nom, une monnaie bourbonnaise au type de Nevers, tant qu'il ne fut pas légalement dépossédé de ce comté, et aussitôt après conclut avec les prieurs un traité d'association qui dura jusqu'à sa mort, c'est-à-dire six ans.

Après trois ans de lutte violente, qui n'eut d'autre résultat que de démontrer une fois de plus combien il était difficile d'imposer à la confiance publique un numéraire nouveau, Agnès, envisageant ses intérêts sous leur vrai jour, conclut avec les prieurs un traité perpétuel, qui mit fin à toute contestation et à toute compétition, jusqu'à l'extinction, par rachat, de ce monnayage, opérée, en 1320, par le roi Philippe v.

Le type qui fut le fruit de cette association définitive imposa à l'ancien type prioral les modifications les plus profondes, et ses nombreuses variétés accusent une prise de possession de plus en plus complète par les princes du Bourbonnais du monnayage de Souvigny, dont ils avaient besoin, mais qui, en dehors de leur concours, ne pouvait plus être prospère.

---

## PIÈCES JUSTIFICATIVES

Nous nous contentons, en fait de pièces justificatives, de reproduire l'acte d'association d'Archembaud vii et du prieur de Souvigny, en 1243. Le prototype de cet acte est le traité d'association de Guy de Dampierre, en 1213, et le traité de 1243 en est la copie, sauf les changements de noms.

Si nous avons préféré publier le traité de 1262 et non celui de 1272, c'est que ce dernier est inséré tout au long dans la *Revue numismatique* de l'année 1884 et se trouve, par conséquent, aux mains de tous ceux qui peuvent avoir le désir de le consulter,

I

*Association entre le duc* (sic [1]) *Archimbault et le prieur de Souvigny pour battre la monnoie à commun frais, de l'an 1243.*

Ego Archembaudus, dominus Borbonii, notum facio universis, præsentibus et futuris, quod venerabilis vir P., prior, totusque conventus Silviniacensis ecclesiæ associaverunt me communi assensu in moneta sua Silviniacensi quandiu vixero, ita quod ego debeo facere medietatem expensarum et precipere medietatem commodi et lucri, et quod post decessum meum pars illa quam percipiebam pro associatione, libere et pacifice ad priorem et conventum et ecclesiam Silviniacensem revertetur, nec uxor mea, vel hæredes mei quicquam poterunt clamare in moneta Silviniaci pro associatione ista, nisi tale jus et eamdem consuetudinem quale jus et qualem consuetudinem habuit dominus Archembaudus, avus aviæ meæ, nec pro associatione ista vel pro aliqua re quam ipsi facerint, vel ego fecerim ante associationem istam ecclesiæ Silviniacensi, vel hæredibus meis præjudicium vel damnum aliquod poterit generari ; et quandiu vixero associationem istam non potero de manu mea alienare, et quamdiu tenebo terram Montislucis in manu mea, non potero ibi monetam facere. Actum anno Domini M° CC° quadragesimo tertio, mense octobri.

(Arch. de l'Allier, *Thesaurus Silvin.*, p. 753.)

II

*Association de Jean, duc* (sic) *de Bourbonnois, et du prieur de Souvigny, pour battre la monnoie à commun frais, de l'an 1262.*

Ego Joannes, filius ducis Burgundiæ, dominus Borbonii, notum facio universis, præsentibus et futuris, quod venerabilis vir Petrus, prior, totusque conventus Silviniacensis ecclesiæ associaverunt me communi assensu in

---

(1) Nous donnons ici sans y rien changer, le texte du *Thesaurus Silviniacensis.*

moneta sua Silviniacensi quandiu ero dominus Borbonii. Et ego debeo facere mediatatem expensarum et precipere medietatem commodi et lucri; et cum desiero esse dominus Borbonii, pars illa quam percipiebam pro associatione, libere et pacifice ad priorem, et conventum, et ecclesiam revertetur, nec uxor mea, vel hæredes mei quicquam poterunt reclamare, vel petere in moneta Silviniacensi pro associatione ista, nisi tale jus et talem consuetudinem quale jus et qualem consuetidinem habuit dominus Archembaudus, avus aviæ domini Archembaudi qui decessit in partibus transmarinis, nec pro associatione ista, nec pro aliqua re quam ipsi prior et conventus fecerint pro associatione ista, nec pro aliqua re quam ego Joannes, dominus Borbonii, fecerim occasione prædicte societatis ecclesiæ Silviniacensi, vel michi, vel uxori meæ, vel hæredibus meis præjudicium vel damnum aliquod poterit generari; et quandiu ero dominus Borbonii associationem istam non potero de manu mea alienare, et quandiu durabit dicta societas, hoc est quandiu ero dominus Borbonii, et quandiu tenebo terram Montislucis in manu mea, non potero ibidem monetam facere fabricari. In quorum testimonium, quia sigillum non habeo, sigillum nobilis viri Hugonis, ducis Burgundiæ, patris mei, præsentibus feci apponi, et promitto quod quam cito habebo sigillum, præsentes litteras sigillo meo sigillabo, et consimiles litteras sigillo Agnetis, uxoris meæ, faciam sigillari. Datum Parisiis, anno Domini M° CC° sexagesimo secundo.

(Arch. de l'Allier, *Thesaurus Silvin.*, p. 753.)

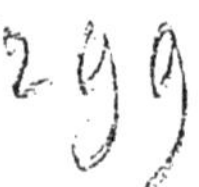

www.ingramcontent.com/pod-product-compliance
Ingram Content Group UK Ltd.
Pitfield, Milton Keynes, MK11 3LW, UK
UKHW022218070726
13613UKWH00004B/1746